Síndrome de Asperger

Una guía completa para comprender, vivir y tratar el síndrome de Asperger

Omar Elshami

Índice interactivo

Introducción

El Síndrome de Asperger, es un trastorno que cada vez se hace más conocido; sobre todo gracias a los personajes famosos que con valentía han reconocido que padecen este problema.

En este libro encontrarás todo lo que debes saber sobre el Síndrome de Asperger, a fin de entender por qué las personas que lo padecen dicen haber experimentado tantas dificultades durante la niñez, y algunos grandes desafíos en la edad adulta.

Hemos recopilado una descripción de los síntomas que logramos describir de la forma más sencilla posible; para que tanto si tienes un familiar con Síndrome de Asperger o no, puedas entender qué sucede en la mente de un niño o un adulto con este padecimiento.

Además, encontrarás una descripción de las pautas a seguir si los padres sospechan que su hijo puede estar padeciendo de Síndrome de Asperger, junto con una lista de características que te ayudarán a decidir si es aconsejable llevarlo a un especialista.

La calidad de vida de las personas con Síndrome de Asperger, depende en gran medida de la detección temprana del trastorno y del tratamiento que se siga, así que bien vale la pena aprender todo lo que podamos sobre este importante tema.

¿Qué es el Síndrome de Asperger?

Síndrome de Asperger (SA), es el nombre que recibe el trastorno de tipo neurobiológico que consta tanto de características mentales como de conducta, y forma parte del grupo de los trastornos del espectro autista.

Por esta razón, algunas personas lo identifican como una forma de autismo leve. De hecho, hasta el año 1992, el Síndrome de Asperger era definido como 'Autismo de alto funcionamiento', y el paciente que lo padecía era reconocido sólo como un autista que poseía un coeficiente intelectual superior a la media.

El nombre que recibe este trastorno se debe al pediatra, investigador, psiquiatra y profesor de medicina austríaco Hans Asperger, que a mediados del siglo pasado (1943) se dedicó al estudio y descripción de los desórdenes mentales, especialmente en niños.

¿Cuáles son las causas del Síndrome de Asperger?

Se desconocen las causas exactas que desencadenan el desarrollo del Síndrome de Asperger, y hasta ahora no se ha podido demostrar cuál es la patología o proceso cerebral en el que se basa esta condición neurobiológica.

Sin embargo, la investigación científica parece sugerir que algunos factores, tanto genéticos como ambientales, pudieran estar implicados en el desarrollo del Síndrome de Asperger. Veamos cuáles son:

Factores genéticos

Desde la decodificación del genoma humano, los científicos han descubierto el origen genético de muchos de los trastornos que padecemos; pero hasta hoy, no se ha identificado ningún gen específico que pueda ser el responsable del desarrollo del Síndrome de Asperger.

Sin embargo, se ha observado una alta incidencia de los síntomas comunes de este trastorno entre los familiares de los individuos diagnosticadas con Síndrome de Asperger.

Por ejemplo, se ha constatado que muchos de los familiares de los pacientes con este trastorno, también manifiestan ciertas dificultades para interactuar en el ámbito social, así como algunas dificultades en el lenguaje y hasta en la lectura.

Esto parece indicar que en el futuro podremos identificar el gen o el conjunto de genes que promueven el desarrollo de este trastorno, y en consecuencia, podremos desarrollar procedimientos genéticos para prevenirlo, identificarlo de manera precoz o hasta encontrar una cura definitiva.

Factores ambientales

La mayor parte de los especialistas concuerda en que existen factores ambientales que pueden estar asociados al Síndrome de Asperger y otros trastornos del espectro del autismo. Por ejemplo:

En lo que se conoce como 'el molde-madre' se cree que una infección viral o bacteriana que se presente durante embarazo, pudiera aumentar de forma significativa el riesgo de que el no nacido desarrolle el Síndrome de Asperger.

Por otra parte, si la madre fuma durante embarazo, o existe una prolongada exposición de la madre a altos niveles pesticidas químicos agroindustriales o de contaminación atmosférica, también pudiera elevarse el riesgo de que se desarrolle este trastorno.

Por último, muchos especialistas asocian la aparición del Síndrome de Asperger en niños con la edad avanzada del padre.

¿Cómo se desarrolla el Síndrome de Asperger?

Los estudios neuro-anatómicos parecen indicar que el Síndrome de Asperger empieza con una alteración del desarrollo cerebral que tiene lugar poco después de la concepción.

Se cree que una migración anormal de las células embrionarias durante el desarrollo fetal pudiera afectar a la estructura final del cerebro, así como a su conectividad. La consecuencia de esa migración anormal sería una alteración en los circuitos neuronales cerebrales que controlan el pensamiento y la conducta, lo que se cree que daría como resultado las características del Síndrome de Asperger.

Existen diversas teorías que tratan de explicar el mecanismo por el que tienen lugar estos procesos (teoría de la baja conectividad, teoría de la coherencia central débil, teoría del sistema de las neuronas espejo, etc.), pero ninguna de ellas ha logrado ofrecer una explicación completa para todos los síntomas de este trastorno.

¿Cuáles son esos síntomas? En el siguiente capítulo abordaremos ese interesante tema.

¿Cuáles son los síntomas?

Debido a que el Síndrome de Asperger es un trastorno generalizado del desarrollo de tipo neurobiológico, es visto como un conjunto de síntomas relacionados, y nunca debe verse desde la perspectiva de un único síntoma aislado.

Por ejemplo, la persona que presenta el Síndrome de Asperger, puede llegar a tener una inteligencia superior a la media; pero es claro que ser una persona inteligente no sería un síntoma definitivo para ser diagnosticado con este trastorno.

A pesar de que aún no se acepta que exista una sintomatología común a todos los casos de Síndrome de Asperger, en El II Congreso Internacional sobre el Síndrome de Asperger, realizado en Sevilla, España, en 2009, se presentaron algunas tentativas para su diagnóstico.

A continuación, veamos esas características que pudieran indicar la presencia del Síndrome de Asperger:

1. Inteligencia superior

La primera característica común es una inteligencia superior a la media; aunque se observa una superioridad del Coeficiente intelectual (CI) verbal sobre el manipulativo.

Sin embargo, cuando se trata de tareas verbales para las que se requiere de un grado más elevado de interacción social, el CI verbal del individuo tiende a descender.

Los pacientes con Síndrome de Asperger, presentan algunos estilos de procesamiento cognitivo alternativos que resultan particulares, como una capacidad más desarrollada para observar y señalar detalles que escapan a vista de las personas comunes; así como habilidades especiales en ciertas áreas del procesamiento mental.

Por otra parte, aunque su procesamiento de los detalles demuestra estar más desarrollado, su coherencia central es notoriamente más débil que la de las personas comunes.

2. Ausencia de reconocimiento de estados emocionales

Los científicos llaman 'neurotípicas' a las personas comunes que no manifiestan ninguno de los trastornos del espectro autista. Esas personas han desarrollado un sofisticado sentido de reconocimiento de los estados emocionales ajenos, que se conoce como: empatía.

La empatía hace que de forma automática e intuitiva, las personas comunes sean capaces de asociar toda la información que reciben acerca de los estados cognitivos y emocionales de las personas con las que interactúan, basándose en su leguaje verbal (matices de la voz) y su lenguaje no verbal (expresiones corporales).

Sin embargo, las personas con Síndrome de Asperger, no han desarrollado esta habilidad, es decir, no pueden ser empáticas. Esto se traduce en una especie de 'ceguera emocional'. Inclusive, para los casos más graves del Síndrome de Asperger, resulta imposible reconocer el significado de una sonrisa o ningún otro gesto facial.

Esta discapacidad se agrava por el hecho de que a la mayoría de los individuos con Síndrome de Asperger, les resulta incómodo el contacto visual, y por lo tanto, lo evitan; lo que lleva a mayores dificultades para aprender a interpretar las emociones ajenas.

Por otro lado, los pacientes con Síndrome de Asperger, suelen esbozar hermosas sonrisas naturales espontáneas normales; pero tienen dificultades para presentar sonrisas fingidas, por ejemplo, en las fotografías familiares. Por lo que terminan o posando de forma inexpresiva, o mostrando muecas carentes de gracia.

En cuanto a los matices de la voz humana, conocidos como 'prosodia'; los individuos con Síndrome de Asperger, tienen dificultades para identificar las implicaciones ocultas en la forma en la que una persona envía un mensaje de forma directa y verbal.

Se trata de una discapacidad semántica que les dificulta procesar mensajes con significados ambiguos o simultáneos, que son de uso común en la conversación verbal. Sin embargo, con terapia y tiempo, algunos pacientes pueden llegar a entender la mayoría de esos mensajes.

Como es lógico, esa dificultad los hace incapaces de generar el mismo tipo de mensajes ambiguos o simultáneos; esto quiere decir que ellos mismos no pueden expresarse usando de forma deliberada esos matices del lenguaje hablado.

En los casos más graves, los pacientes suelen hablar con una voz monótona (sin modulación) o en un volumen poco usual (muy alto o muy bajo), debido a la incapacidad de intuir los mecanismos de la prosodia (entonación, volumen, timbre de voz, velocidad, etc.) en el lenguaje verbal.

Por último, algunos niños con Síndrome de Asperger, tienden mostrar dificultad para reconocer ciertos aspectos del lenguaje no literal como el humor, la ironía, la molestia o las bromas. A menudo no llegan a ser conscientes de la utilidad del humor como forma de compartir un momento agradable con otras personas.

Es interesante que, de acuerdo con la prueba diagnóstica creada en 2005 por Simon Baron-Cohen, denominada "Evaluador de Asperger en Adultos" (Adult Asperger Assessment), lo habitual es que los adultos con Síndrome de Asperger, manifiesten una falta de interés en la ficción, por lo que tienden a preferir los temas que tienen que ver con aspectos de la realidad.

3. Obsesiones

Los individuos con Síndrome de Asperger, suelen mostrar una propensión a desarrollar obsesiones por temas específicos como los autos, los dinosaurios, los deportes, las matemáticas, la astronomía, las manualidades, la música o los ordenadores, y llegan a dominar esas áreas aun siendo niños.

Debido a este fenómeno, el Dr. Hans Asperger llamaba a sus jóvenes pacientes "pequeños profesores", debido a que con tan sólo trece años de edad, algunos de ellos conocían su área de interés con la profesionalidad de un profesor universitario. El Dr. Hans Asperger creía que con los años, algunos de ellos serían capaces de alcanzar logros excepcionales en sus vidas.

Por otro lado, en una medida que en ocasiones resulta obsesiva, los individuos con Síndrome de Asperger, se sienten atraídos por el orden y la clasificación de las cosas; pero en soledad.

Por eso, es común que desarrollen rutinas y rituales para sus actividades diarias que pudieran parecer muy poco usuales; y por lo general no toleran bien los cambios en esos rituales, pues esos cambios les generan una ansiedad casi insoportable.

Debido a esta condición, los adultos con casos graves de Síndrome de Asperger, suelen convertirse en excéntricos con un tipo de vida que se caracteriza por rutinas y rituales sistemáticos.

Sin embargo, cuando sus obsesiones coinciden con una tarea útil desde el punto de vista material o social, el individuo con Síndrome de Asperger, puede lograr una vida ampliamente productiva; como podremos ver más adelante en los casos de personas destacadas que padecen o padecieron de este trastorno.

Como podemos inferir, esta circunstancia especial, hace que algunos individuos con Síndrome de Asperger, sean incapaces de reconocer los límites y las normas sociales; por lo que pudieran parecer seres egocéntricos, con muy poca o ninguna preocupación por los demás.

4. Conductas motrices repetitivas

Los pacientes con Síndrome de Asperger, suelen presentar conductas motrices estereotipadas y repetitivas, como movimientos con las manos, aleteos, giros y hasta movimientos complejos que involucren a todo el cuerpo.

En el siguiente capítulo, aprenderemos cómo saber cuándo es apropiado llevar a un niño a una consulta profesional.

¿Cuándo hay que acudir a un profesional?

El mejor momento para acudir a un profesional, es cuando el paciente es aún un niño pequeño. A partir de los cuatro años de edad, el niño ya suele tener una madurez mental y un nivel de interacción con su entorno social tan desarrollado, como para permitir que sea diagnosticado y tratado con el fin de mejorar su calidad de vida.

¿Cómo saber si necesito acudir a un profesional?

Debemos tener en cuenta que uno solo de los síntomas no es razón suficiente para sospechar que tu hijo o algún familiar, padece del Síndrome de Asperger. Decidir si llevarlo a ver a un profesional o no, debe ser consecuencia de tener la certeza de la suma de varios de los síntomas que describiremos a continuación:

1. Trastornos de sueño

Para empezar, los niños con Síndrome de Asperger suelen tener problemas de sueño, incluyendo algunas dificultades para quedarse dormidos, frecuentes episodios de despertar nocturno, y despertar excesivamente temprano.

Es frecuente encontrarse que cuando los padres despiertan temprano en la mañana, el niño ya está despierto y completamente absorto en las actividades de su área de interés.

2. Alexitimia

Los niños que manifiestan este trastorno presentan altos niveles de lo que se conoce como alexitimia, que consiste en una dificultad evidente para identificar y describir sus emociones propias, o para hacer coincidir las emociones de otros con palabras, a partir de sus gestos.

De esa forma, si detectas que tu hijo parece incapaz de explicar lo que siente o identificar con palabras lo que sienten otros, es una señal que sumaremos para decidir si debemos llevarlo a ver a un profesional.

3. Aprendizaje atípico

Aunque suelen ser muy inteligentes, los niños con Síndrome de Asperger, no son capaces de dirigir su atención a voluntad; por lo que muestran un alto grado de desconcentración en las actividades que no han escogido voluntariamente.

Se trata de lo que se conoce como: 'aprendizaje atípico', que es un vasto conocimiento en áreas concretas y muchos problemas para aprender el resto. Por ejemplo, puede suceder que aunque el niño pueda concentrarse con facilidad en las manualidades, le resulte imposible concentrarse en otras actividades.

4. Problemas motores

Los niños con Síndrome de Asperger, pueden presentar algunos problemas en su motricidad, como movimientos repetitivos en sus extremidades o en su cuerpo completo; así como también pudieran retrasarse para adquirir algunas habilidades que requieran destrezas motrices, como abrir un envase.

5. Intolerancia a los cambios

Los niños con Asperger se sienten seguros con la organización y el diseño de su entorno, y con las costumbres (rituales) de su vida diaria; por eso prefieren que estas se mantengan invariables.

Cuando ocurre un cambio en su entorno o en sus rituales diarios (bañarse, lavarse los dientes, comer, ir a la cama), esos cambios repentinos pudieran ponerlos muy nerviosos; debido a que los cambios demandan un mayor grado de atención de su parte.

6. Rechazo a la interacción social

El niño con Síndrome de Asperger, prefiere dedicarse a sus intereses él solo. Por eso, es común que ignore a otros niños, o no se sienta cómodo jugando con ellos.

Muchos niños con este trastorno son incapaces de soportar tener que quedarse en casa de otros adultos que no sean sus padres; pues eso significaría un cambio repentino de su entorno, además de tener que interactuar con otras personas.

7. No reacciona a la alegría o la tristeza

La falta de percepción de los matices del lenguaje verbal y no verbal, hace que el niño con Síndrome de Asperger, no sea capaz de reaccionar a los cambios en los gestos faciales de sus padres. Por esa razón, pudiera parecer que el niño es indiferente o que no comparte sentimientos con sus familiares.

Todos estos síntomas son subjetivos, y deben ser tomados en cuenta como grupo. Si estás seguro de que tu hijo manifiesta varios de estos síntomas juntos, quizá sea una buena idea que sea evaluado por un profesional.

¿Cómo es la evaluación profesional?

Una evaluación profesional completa debe incluir a un equipo de varios profesionales de diversas disciplinas. Por ejemplo, debe incluir pruebas para las funciones cognitivas, la función psicomotriz, las habilidades verbales y no verbales, el estilo de aprendizaje y las habilidades para la vida independiente. Además de una evaluación neurológica y una evaluación genética.

Esto es muy importante porque los diagnósticos erróneos o tardíos pueden ser muy perjudiciales para los pacientes y sus familias. Por un lado, pudieran suponer una pérdida de recursos y tiempo en terapias que no ayudarán a mejorar la calidad de vida del niño.

Además, pudieran conducir a la prescripción de ciertos fármacos que, en vez de mejorar, pudieran empeorar los síntomas de comportamiento. Como sucede con los niños con Síndrome de Asperger que son diagnosticados de forma errónea con Trastorno por Déficit de Atención con Hiperactividad (TDAH).

En el próximo capítulo, analizaremos las consecuencias que tiene el Síndrome de Asperger, tanto para los niños como para los adultos.

Consecuencias del Síndrome de Asperger

Vivir con Síndrome de Asperger, es un verdadero reto difícil de superar. Se trata de verse obligado a salir de un lugar en el que te sientes seguro y tranquilo, para ir a otro que te causa ansiedad y estrés a un punto casi insoportable; donde las personas te presionan cada vez con más fuerza para hacerte sentir peor.

Por eso, el Síndrome de Asperger, tiene el potencial de causar problemas en la interacción social de los niños con sus padres. Esto se debe a que los niños no responden de manera natural a los patrones habituales de socialización paternal.

Por ejemplo, al no saber que su hijo padece un trastorno de tipo neurobiológico; algunos padres se resienten al observar que el niño es indiferente a sus expresiones de afecto.

Esta situación suele tornarse más incómoda cuando los padres comprueban que cualquier actividad que sea del interés del niño, tiene prioridad incluso sobre la atención que debería dispensar a sus padres, y para colmo, el niño parece no querer compartir esas actividades con sus padres, pues prefiere disfrutarlas en soledad.

Por esa razón, algunos padres restringen el acceso del niño a esa única actividad que le interesa realmente; lo que sin la orientación de un profesional, sólo empeora las cosas.

Los otros familiares, al no entender lo que realmente sucede, pudieran enfurecerse por la actitud indiferente del niño, que parece insensible y centrado sólo en sí mismo. Lo que conduce a episodios de maltrato verbal y rechazo; mientras el niño no consigue entender qué es lo que ha causado esas reacciones.

Por otro lado, las dificultades del niño para interpretar los matices de la comunicación verbal y no verbal; pueden llevar a que sea ignorado, incluso con relación a sus necesidades básicas. En esos momentos, el niño no es capaz de comprender en qué se equivocó o por qué razón es rechazado por sus padres.

Como resultado, el niño se encuentra confundido, y esto suele generar sentimientos de ansiedad, nerviosismo, ira, conductas antisociales, conductas obsesivas y agravamiento de otros de los comportamientos inapropiados que los padres están tratando de corregir; lo que tiene como consecuencia que se agrave el aislamiento social.

En la escuela, los niños con Síndrome de Asperger, suelen ser víctimas de marginación, acoso y violencia escolar (bulling) por lo que el niño refuerza su desconfianza en su entorno y se dificulta aún más su integración social.

La incapacidad del niño para reconocer los matices del lenguaje verbal y no verbal, también le trae numerosos inconvenientes con sus maestros, que en ocasiones pudieran usar lenguaje figurado o entonaciones vocales para dar énfasis o transmitir precisamente el mensaje contrario.

Por ejemplo, pudiera ser que un niño con Síndrome de Asperger, le responda a un maestro que no hizo sus deberes escolares porque el maestro dijo que no los hicieran; cuando sucede que el maestro lo dijo con tono de ironía; un tono que el niño con Síndrome de Asperger, no es capaz de percibir.

La dificultad del niño para entender el lenguaje figurado, también le dificulta entender cuando su maestro ha hecho una ilustración para aclarar un punto en particular.

Por ejemplo, pudiera ser que el niño malinterprete el lenguaje figurado de su maestro cuando le dice que el planeta es como una pelota. Para él se trata de un repentino cambio de tema que lejos de ayudarle a entender, lo confunde, pues no le encuentra ningún sentido.

Consecuencias del Síndrome de Asperger en adultos

Las consecuencias de esta condición en los adultos van a depender de la intensidad con que se manifiesten los síntomas y del grado de aislamiento social en que se haya desarrollado el paciente.

La ausencia de empatía, hace que los individuos con Síndrome de Asperger, experimenten dificultades en aspectos tan básicos de la interacción social como el conseguir amigos.

Por otro lado, la ausencia de reciprocidad social o emocional, la dificultad para reconocer los matices de la comunicación verbal y no verbal, y la constante evasión del contacto ocular; son síntomas que pudieran traerle problemas hasta con personas desconocidas; pues los seres humanos tendemos a interpretar la ausencia de contacto visual como una señal de rechazo o desconfianza.

Por ejemplo, una persona con Síndrome de Asperger, pudiera iniciar una conversación unidireccional sobre su tema favorito, pero tarde o temprano empezaría a notarse que no es capaz de reconocer las reacciones o los sentimientos de sus oyentes, como la prisa por irse o el aburrimiento. Por eso, en ocasiones son juzgados como personas egocéntricas e insensibles.

Debido a que la inteligencia de la mayoría de los individuos con Síndrome de Asperger, es normal o mayor a la normal; sus interlocutores no los tratan como personas con alguna discapacidad; sino que los ven sólo como personas peculiares y hasta pudieran juzgarlos como desagradables.

Otro aspecto en el que el Síndrome de Asperger resulta ser una verdadera discapacidad para un adulto, es a la hora de buscar o conservar un empleo. La poca habilidad del paciente para relacionarse con otras personas lo predispone al fracaso en las entrevistas de trabajo. Además, suelen salir muy mal en los test de personalidad.

En muchos casos, cuando encuentran un empleo, suelen recibir salarios menores que los de sus compañeros, aunque hagan el mismo trabajo, e incluso de una forma mejor o más productiva.

También pudieran ser el blanco de abusos o discriminación por parte de sus compañeros de trabajo, y pudieran tener problemas con sus jefes o supervisores por su incapacidad para reconocer los matices del lenguaje verbal y no verbal.

Además, suelen tener problemas debido a su escasa o nula capacidad para trabajar bajo presión, cosa que es considerada como necesaria en los ambientes de trabajo modernos.

Por último, las personas con Síndrome de Asperger, pudieran tener verdaderas dificultades para encontrar y mantener relaciones de pareja que sean estables y saludables; debido a sus limitadas habilidades sociales y su característica preferencia por la soledad.

En el próximo capítulo veremos cómo son los tratamientos médicos para ayudar a los pacientes a tener una mejor calidad de vida.

Tratamiento para el Síndrome de Asperger

El tratamiento del Síndrome de Asperger, está orientado a que el individuo aprenda a manejar los elevados niveles de ansiedad que su condición le produce al interactuar con su entorno. Además, como parte del tratamiento también se incluye tanto terapia ocupacional como terapia física, para tratar los déficits en la integración sensorial y en la coordinación motriz.

Aún no existe un fármaco para el Síndrome de Asperger; así que el individuo sólo recibirá tratamiento farmacológico si manifiesta los síntomas de otras afecciones, como el trastorno depresivo mayor, trastorno de ansiedad, u otro trastorno asociado al Asperger.

Los especialistas suelen ser muy cuidadosos al momento de administrar un fármaco a sus pacientes; pues los efectos secundarios pueden ser más difíciles de detectar y tratar.

Por ejemplo, los pacientes pueden desarrollar condiciones tan graves como anormalidades en el metabolismo o en el sistema de conducción eléctrica del corazón. Otros fármacos pueden aumentar el riesgo de desarrollar diabetes mellitus tipo 2, así como severos efectos secundarios de tipo neurológico a largo plazo. Podemos citar el caso del fármaco 'risperidona', que puede provocar aumento de peso y fatiga y un incremento en los niveles de prolactina.

En el próximo capítulo, vamos a conocer los casos famosos con Síndrome de Asperger.

Casos de famosos con Síndrome de Asperger

El Dr. Hans Asperger escribió: "Al parecer, se requiere un chorrito de autismo para el éxito en la ciencia o en el arte".

Sus palabras han demostrado ser muy ciertas con el paso del tiempo. De hecho, la relación que se observa entre el Síndrome de Asperger y los rendimientos destacados de los pacientes que lo padecen; ha sido objeto de estudio por parte del Dr. Michael Fitzgerald, profesor del Trinity College de Irlanda; quien desde 1999 ha publicado información en la de describe la presencia de signos de síndrome de Asperger en las biografías de personalidades famosas.

Las aseveraciones de Fitzgerald, han generado mucha controversia tanto en especialistas como en periodistas que no son expertos en la materia del autismo; pero si en el arte de criticar el trabajo científico de los expertos.

Fitzgerald está convencido de que (como muchos otros también han comprobado) algunas de las características de este trastorno favorecen la creatividad y la capacidad de concentrarse de manera intensiva en un objetivo, soportando la fatiga más allá de lo común, en aras de producir un resultado extraordinario.

Para comprobarlo, veamos quiénes son los famosos con Síndrome de Asperger:

Charles Darwin

Todo indica que el creador de la teoría evolucionista sufría el Síndrome de Asperger. La obsesión de Darwin por la naturaleza y su soledad crónica son claros síntomas de que padecía esta condición.

Ludwig Van Beethoven

Los más allegados al famoso compositor afirmaron que era una persona obsesiva, además de incapaz de relacionarse y socializar; condición que él justificaba diciendo que socializar con las personas le apartaba de su principal objetivo: la música. Algo que, como toda persona que sufre de Síndrome de Asperger, él no toleraba.

Susan Boyle

La famosa cantante Susan Boyle, también ha reconocido en público que padece de esta condición. Justo cuando sus fans comenzaban a sospechar de sus síntomas; Susan decidió confirmarlo a fin de silenciar los rumores; pues dice haberlo pasado bastante mal en su infancia con Síndrome de Asperger, cuando fue objeto de insultos y desprecios.

Daryl Hannah

Se trata de la actriz de Kill Bill, quien ha sido una de las valientes que se ha atrevido a declarar que padece el Síndrome de Asperger.

Keanu Reeves

Es sólo un rumor que Reeves sufra del Síndrome de Asperger; el actor de Matrix no lo ha confirmado hasta ahora. Pero son varios los especialistas que han estudiado sus movimientos y afirman que sus miradas fugaces y su dificultad para comunicarse frente a los medios, son suficientes para afirmar que padece este trastorno.

Vernon Smith

Si nunca has escuchado de Smith, es porque no se trata de un actor, sino de uno de los economistas más reputados a nivel internacional, pues fue ganador del Premio Nobel de Economía. Este es uno de los muchos genios que han sido diagnosticados con el Síndrome de Asperger, y él lo ha reconocido públicamente.

Lionel Messi

Messi no ha reconocido padecer de Síndrome de Asperger, sin embargo, para muchos especialistas no hace falta que el astro del futbol lo reconozca. Tanto sus dificultades para comunicarse con la prensa y con sus compañeros de equipo, como su genialidad con el balón, son algunos de los síntomas que delatan su padecimiento.

Marcelo Ríos

Este tenista, que es uno de los mejores del mundo, reconoció en 2014 que sufre del Síndrome de Asperger. Sus seguidores ya habían notado su actitud diferente, unida a la angustia que manifestaba y sus múltiples obsesiones.

"De 70 síntomas que se extraen del síndrome, me siento identificado con un total de 69" —afirmó Marcelo Ríos.

Satoshi Tajiri

El creador de Pokemon fue diagnosticado con Síndrome de Asperger, tras notar que no era capaz de reconocer los gestos faciales emocionales de las personas.

Incluso se dice que su padecimiento se puede ver reflejado en los rostros inexpresivos de sus personajes.

Anthony Hopkins

El actor del famoso triller "El silencio de los corderos", ya ha confirmado que padece el Síndrome de Asperger.

Conclusiones

El Síndrome de Asperger, es una condición que afecta tanto la calidad de vida de la persona que lo padece, como la de su grupo familiar cercano. Por esa razón bien vale la pena aprender todo lo que podamos de este trastorno.

Desde niños, los pacientes y sus familiares han tenido que luchar contra condiciones para las que nadie está preparado. Pero como vimos en este libro, cada vez son mayores las posibilidades de llevar una vida plena y feliz, aún con este padecimiento.

El hecho de que haya tantas personas exitosas con el Síndrome de Asperger, nos da una pequeña pista de que la excepcional inteligencia de los que padecen este trastorno, sí que les ayuda a enfrentar con éxito sus carencias y aprender a interactuar con otras personas aunque sea de manera limitada.

Por otra parte, cada vez más personas conocen lo que es el Síndrome de Asperger, y eso tiene como consecuencia un aumento en la comprensión de los síntomas por parte de las personas más educadas e influyentes de nuestro mundo. Por eso, cada día se promulgan más leyes que favorecen la integración de las personas con esta discapacidad al mercado laboral, con lo que se les facilita llevar una vida mejor.

Esperamos que este libro te haya ayudado también a conocer un poco más a esos genios, con los que también queremos contar para construir un mundo mejor.